Mein Buch vom

FEBRUAR

von

Liane Dirks

Sanssouci

Februar

Im Winde wehn die Lindenzweige,
Von roten Knospen übersäumt;
Die Wiegen sind's, worin der Frühling
Die schlimme Winterzeit verträumt.

Theodor Storm

Inhalt

Zur Einstimmung
8

Der Februar – was für ein Monat!
12

Wie der Februar zu seinem Namen kam
18

Alle Wetter!
22

Die Natur im Februar
28

Blume des Monats: *Der Krokus*
36

Heilpflanze des Monats: *Der Huflattich*
42

Im Garten und auf Balkonien
46

Was vom Monat bleibt:
Die Pappnase!
52

Die Tierwelt
56

Der Februar-Mensch
64

Alles, was guttut
72

Die Weisheit des Fernen Ostens
78

Die schönen Seiten
82

Feste und Brauchtum
86

Und so hat der Februar Geschichte gemacht
94

Geburtstagskinder
100

Die Autorin
111

Quellenverzeichnis
112

Zur
EINSTIMMUNG

Ist es nicht herrlich? Man kann in der Mittagszeit schon wieder auf einer Parkbank sitzen und das Gesicht in die Sonne halten. Wie ausgehungert sind wir doch nach den langen Wintermonaten, wie bedürftig nach Wärme und Licht. Es ist, als würden wir die Sonnenstrahlen trinken. Und wie wohlig fühlt sich das erste laue Lüftchen an, das sanft unsere Haut umspielt. Die Amseln zwitschern wieder, vereinzelt blüht es – da taut das Herz auf, wir schmelzen dahin. Der Vorfrühling beschert uns göttliche Gefühle. Fünf Minuten reichen aus, um tief zu entspannen. Das kann nur die Natur bewirken. Es ist der Zauber des Lichts, der alles lebendig macht. Licht ist Nahrung für Körper und Seele. Von einem schönen Menschen sagen wir: Er strahlt. Ein Zustand, den man nicht nur sehen, sondern spüren kann. Es ist dasselbe Strahlen, das uns der Februar an manchen seiner Tage beschert. Klar und rein. Im rechten Licht besehen, denkt man in solchen Momenten, ist das Leben ganz einfach. Doch wie oft leben wir im Kunstlicht ... Ist es dunkel draußen, was kümmert es uns, wir machen einfach die Nacht zum Tag. Neonlicht schadet den Augen nicht, und ist eine Stadt nicht erst lebendig, wenn ihre Lichter niemals erlöschen? Versunken in unsere Vorstellungen, Pläne, Aufgaben, Zwänge vergessen wir sogar, den Kopf zu heben, um den Himmel wenigstens einmal anzuschauen. Schade, da zieht vielleicht gerade das erste Gewitter im Jahr auf, womöglich spannt sich ein Regenbogen über die Hausdächer hinweg. Oder will sich eine dicke Wolke, beladen mit pudrigem Neuschnee, vor die Sonne schieben?

Leben ist ständiger Wechsel, ist Bewegung. Und lebendiges Licht ist viel mehr als in Wattzahl gemessene Helligkeit. Wussten Sie, dass man schon vor Tausenden von Jahren im Februar die Rückkehr des Lichts feierte? Und immer waren die Menschen in diesem Monat ausgelassen und fröhlich. Da kommen Seiten zum Vorschein, die man gar nicht vermutet hat. Das wilde Tier im schüchternen Hausmann, die Diva in der Krankenschwester, der Clown im ehrgeizigen Chef. Ein Gespenst schlendert auf dem Weg ins Büro durch den Stadtpark oder eine Fee mit Aktentasche ...

Der Februar hat so manches zu bieten, und dieses Buch will es Ihnen nahebringen. Deshalb: Augen auf, Herz auf und eintauchen ...

DER FEBRUAR –

was für ein Monat!

So jung das Jahr noch ist, der Februar hat es eilig. Mit seinen achtundzwanzig Tagen huscht er dem Winter davon, dem Frühling entgegen. Vier Wochen sind eine runde Sache. Überflüssiges mag dieser Monat nicht, er ist kompakt und straff. Langeweile kann gar nicht erst aufkommen. Ein junger Spund eben, ein kleines Kraftpaket. Was das Wetter angeht, lässt er gern mal die Muskeln spielen: hartnäckiger Frost, Stürme, Hochwasser, sein Repertoire bietet alles. Was den Karneval betrifft, so kann er es nicht bunt genug treiben, und in Bezug auf die Fastenzeit: Da meint er es verdammt ernst. Sieben lange Wochen, die nun beginnen, bis Ostern währen sie. Nichts für Schwächlinge. Und die Natur? Ganz klar: Was sich jetzt schon hervortraut, das musste kämpfen und steckt voller Energie. Die will sich ausleben, wenn nötig: austoben.

Der 2. Februar, an dem die katholische Kirche

Mariä Lichtmess feiert, gilt seit Jahrhunderten als traditioneller Arbeitsbeginn in der Landwirtschaft. Denn selbst wenn es noch bitterkalt war, das Licht war wieder da. Die Sonne »tat einen Sprung«, sagte man. Und das hieß auch: Es konnte wieder länger gearbeitet werden. Die Bauern sahen sich auf den Märkten nach neuen Arbeitskräften um. Um zu signalisieren, dass sie eine Stelle suchen, trugen die Mägde verschiedenfarbige Strümpfe, und die Knechte steckten Stroh an den Hut. Mancherorts kam eine zusätzliche Mahlzeit auf den Tisch. Wer zupacken soll, muss Kraft haben. Denn im Februar investierte man in die Zukunft. Und es war kein Zufall, dass karnevalistisches Treiben und Reinigungsrituale damit Hand in Hand gehen. Das tun sie heute noch.

»Man füllt nicht neuen Wein in alte Schläuche«, heißt es schon in der Bibel (Matthäus 9.17). Was aber macht man mit dem alten Wein? Richtig, man trinkt ihn. Die Fastnacht, ursprünglich »die Nacht vor dem Fasten«, hat eine lange Tradition, und diese ist kirchlichen Ursprungs. Auch das Wort »Karneval« deutet darauf hin, *carnislevanem* – »Fleischwegnahme« heißt es im Kirchenlatein. Bevor es dazu kam, wollte und musste man es sich noch einmal gut gehen lassen. Fastnachtsspeisen sind üppig, fetthaltig, nährreich. Noch einmal die Fülle erleben, die letzten Vorräte verbrauchen, sich wärmen. »Fressmontag« hieß der Rosenmontag früher und hatte doch nichts mit Verschwendung zu tun. Bis zur ersten Ernte war es schließlich noch weithin, sich etwas »Vorratsspeck« zuzulegen, war lebensnotwendig. Bis ins dreizehnte Jahrhundert lässt sich die Tradition dieser ausgelassenen Tage zurückverfolgen. Der süddeutsche Fasching, die alemannische Fastnacht, der rheinische Karneval – sie haben Geschichte geschrieben, ganze Bücher gefüllt, spiegelt sich im närrischen Brauchtum doch aufs Trefflichste das gesellschaftliche Leben. Entledigte man sich im Mittelalter noch feuchtfröhlich und

mit Mummenschanz der Angst vor bösen Geistern, widriger Kälte, Hunger und Not, war dies zu Zeiten der Reformation verpönt. In der Romantik wiederum wurde das alte Brauchtum verklärt, die Fastnacht erlebte eine neue Blüte, bis sie, insbesondere im rheinischen Karneval, zum Mittel des Spotts gegen die Obrigkeit wurde. Der kleine Mann begehrte auf, die kleine Frau auch. »Weiberherrschaft« ist im Karneval kein Fremdwort. Ganze Narrenreiche entstehen mit falschen Prinzen und Prinzessinnen, Jungfrauen stehen ihren Mann, und die Regimenter ziehen nicht in den Krieg, sie tanzen.

Es ist völlig klar: Das kann nicht lange gut gehen, das muss ein Ende haben. Mit der Fastenzeit kommt das große Reinemachen. Es stellt den Übergang zum Neuen dar, zur Auferstehung. Und der Februar? Er bereitet mit seiner Dynamik den Boden. Ein kraftvoller Monat, dem der Wunsch nach Erneuerung eingeschrieben ist. Vielleicht hat er es deshalb so eilig?

Wie der FEBRUAR zu seinem NAMEN kam

Bei den alten Römern gab es den Februar zunächst gar nicht. Das Jahr begann mit dem März, hatte 304 Tage und zehn Monate, deren letzter *December* hieß, woran unser Dezember noch immer erinnert. Es folgte eine Art Zwischenzeit, der Winter, bis die Äcker zu Frühlingsbeginn, im *Martius*, dem März, wieder bestellt werden konnten. 700 v. Chr. entstand der »lunare« Kalender, nun hatte das Jahr zwölf Monate und 365 Tage, begann aber immer noch im Frühling. Da die Monate abwechselnd dreißig und einunddreißig Tage hatten, waren für den letzten, *Februarius*, nur noch neunundzwanzig übrig. Endgültig revolutionierte Gaius Julius Cäsar den Kalender, indem er das Sonnenjahr einführte und in der Folge im vierjährigen Rhythmus das Schaltjahr. Als Anerkennung benannte man den Monat Juli nach dem großen Herrscher. Sein Nachfolger, Kaiser Augustus, konnte da nicht nachstehen. Man widmete ihm deshalb ebenfalls einen Monat und um ganz gerecht zu sein, musste dieser dieselbe Anzahl an Tagen aufweisen wie der Juli. Also nahm man dem Februar einen Tag weg, der Monat August wurde auf einunddreißig Tage verlängert, und wir halten uns noch heute daran. Während sich in dieser Art Namensgebung Herrschergebaren spiegelt, weisen volkstümliche Benennungen auf tief verwurzeltes Brauchtum hin. Februare heißt »reinigen«, ein *februum* war ein Reinigungsmittel, in dem Wort »Fieber«, *febris*, findet sich derselbe Wortstamm. Der Monat war bereits den Römern eine Zeit der Läuterung. Man kehrte die Häuser mit Salz und veranstaltete Lichterprozessionen, die sogenannten *lustrationes*, bei denen Frauen Fackeln und Kerzen durch die Straßen Roms trugen. Feuer steht für Wärme und Licht und symbolisiert somit auch das wiederkehrende Leben. Heute nimmt man an, dass sich diese Bräuche bis zu den Lichtmessfeiern, die erstmals im fünften Jahrhundert erwähnt wurden, fortgetragen haben.

Karl der Große, der ebenfalls gestaltend auf den Kalender einwirken wollte, taufte den Februar »Hornung«, nach dem althochdeutschen Wort für hart gefrorenen Schnee. »Schmelz-« oder »Taumond« waren ebenfalls gebräuchlich und bis in die heutige Zeit hinein der »Narrenmonat«.

Da den Narren ein Monat viel zu wenig ist, sprechen sie lieber gleich von der »fünften Jahreszeit«.

Alle WETTER!

Ist es zu Lichtmess mild und rein, wird's ein langer Winter sein. Wenn es aber stürmt und schneit, ist der Frühling nicht mehr weit.« Der 2. Februar ist ein besonderer Tag: Er bezeichnet genau die Mitte zwischen Wintersonnenwende und Frühlingsbeginn. Sonnenstand und Lichteinfall wurden an diesem Tag schon immer genau beobachtet. Und immerhin: Auf sieben von zehn Jahren trifft die alte Bauernregel zu. Die sogenannte »Erhaltungsneigung« des Februarwetters spielt dabei eine große Rolle. Der Vorfrühling weist beständige Wetterlagen auf, und mit denen lässt es sich gut Prognosen erstellen. Stabile Hochdruckwetterlagen ziehen die Zufuhr kalter Festlandsluft aus Osteuropa nach sich, übersetzt heißt das: Die Tage sind sonnig, die Nächte klar, kräftige Nachtfröste sind keine Seltenheit, grimmige Kälte hat die Natur fest im Griff. Doch da die Sonne unaufhaltsam steigt und damit auch an Kraft gewinnt, setzt Mitte des Monats, um den Valentinstag herum, Milderung ein. Immerhin rückt der Sonnenaufgang im Laufe des Februars wieder bis auf sieben Uhr vor, zehn Stunden Tageslicht machen den Winter am Monatsende fast vergessen. Gelegentlich übertrifft sich das Wetter dann selbst und beschert von einem Tag auf den anderen frühsommerliche Temperaturen. Tauwetter löst bei den einen schieres Entzücken aus, für andere birgt es Gefahren. Der unvermutete Wechsel beschleunigt die Schneeschmelze in den Bergen, die Flusspegel steigen, und es kommt zu den gefürchteten Frühjahrshochwassern. Sie haben Tradition im Februar und lassen sich weit zurückverfolgen. Bereits im vierzehnten Jahrhundert wurden die Pegelstände – die über ein ganzes Jahr ermittelten Wasserstände eines Flusses – notiert. Fällt die Schneeschmelze mit anhaltendem Regen zusammen, kann es zu Jahrhunderthochwassern kommen: Die Flüsse steigen bis auf das

Drei- und Vierfache ihres üblichen Wasserstands an und treten weit über das Ufer. Erhebliche Schäden können die Folge sein, nur mit vereinten Kräften kann man ihnen begegnen. Frühjahrshochwasser haben Geschichte geschrieben. Die Höchstmarken wurden in Stein graviert und erinnern an die Kraft des Zusammenhalts und an die Bedeutung gegenseitiger Hilfeleistung.

Doch was heißt da Frühjahr? Ist es überhaupt schon so weit? Kalendarischer Frühlingsbeginn ist je nach Jahr der 20. oder 21. März. Im Februar spricht man vom Vorfrühling, ihm folgt der Erstfrühling und schließlich der Vollfrühling. Der sogenannte »phänologische« Kalender zeigt an, wo man sich befindet. Und da unsere Winter die Tendenz aufweisen, immer milder zu werden, ist auf eine Jahreszeiteneinteilung, die sich danach richtet, wann welche Pflanzen erblühen, zunehmend mehr Verlass.

Das sagen sich übrigens auch die Amerikaner,

allerdings befragen sie nicht die Pflanzen, sondern ein Tier. Mit Ungeduld wartet man am 2. Februar in diesem riesigen Land darauf, dass in einer kleinen Stadt mit dem unaussprechlichen Namen Punxsutawney ein Murmeltier seinen Bau verlässt. Tausende Besucher beobachten am *Groundhog Day*, dem »Murmeltiertag«, den Vorgang, zahlreiche Fernsehstationen übertragen live, denn: Wirft das Tier einen Schatten, hält der Winter noch sechs Wochen an, wenn nicht, steht der Frühling vor der Tür. Es sollen Deutsche gewesen sein, die diesen Brauch in Pennsylvania einführten. Seitdem diese Tradition zu einem großen Hollywood-Filmstoff wurde, ist das Murmeltier ein Medienstar.

DIE NATUR

im Februar

Während wir noch dick vermummt von Haus zu Haus eilen, beginnt die Natur bereits zu erblühen. Unglaublich, was sich schon wieder hervorwagt, und immer sind es die Kleinsten, die Zarten, die Zerbrechlichen, die sich als Frostbrecher hervortun. Schneeglöckchen zeigen sich schon im Januar, jetzt recken auch blaue und weiße Zwerghyazinthen vorwitzig ihre Hälse zwischen den Schneeresten hervor. »Bergmännchen« nennt man sie. Die blassblauen Leberblümchen sind reine Waldbewohner. *Hepatica* ist der biologische Name dieser Frühlingsboten, die in Japan in faszinierender Vielfalt blühen und deren rare Sorten zu den teuersten Pflanzen der Welt zählen. In Wiesen und Auen breiten die Winterlinge kleine, gelbe Teppiche aus. Rosafarbene wilde Alpenveilchen, lateinisch *Cyclamen*, polstern die Füße der Laubbäume. Auch unter Tannen und Fichten zeigen sie ihre porzellan-

artigen Blüten. Die kleinen »Trotzköpfchen« sind äußerst stabil, im Sommer ertragen sie extreme Trockenheit, indem sie sich komplett in ihre unterirdischen Knollen zurückziehen. Im Februar schadet auch ein später Schnee-Einbruch ihrer Lebensfreude nicht. Sobald sie nur ein wenig wärmendes Sonnenlicht erreicht, entrollen sie ihre Blütenblätter. Und ziehen damit tatsächlich schon die ersten kecken Bienen und Hummeln an. Diese können es ebenfalls kaum abwarten auszuschwärmen, zumal die Salweiden erblühen, ein früher Tummelplatz für das honigspendende Volk. Die weichen, flauschigen Blüten verströmen einen feinen Duft, der sie für Insekten unwiderstehlich macht. Uns verführen sie eher zum Streicheln. Weidenkätzchen sind zweihäusig, es gibt also auch »Kater«. Und eigentlich leben sie zölibatär: Die männlichen Blüten befinden sich an dem einen Baum, die weiblichen an dem anderen. Und nur Insekten können sie befruchten, Wind allein vermag es nicht. Auch Haselnuss und Stechginster ziehen mit ihrer Blüte die Aufmerksamkeit auf sich, und im Süden Deutschlands, in den Weinbaugebieten, besticht die Mandelblüte. Seit viertausend Jahren wird der zur Familie der Rosengewächse zählende Mandelbaum kultiviert. Die Römer brachten ihn vermutlich zusammen mit dem Wein in unsere Regionen. Die rosa Pracht muss man sich ansehen, sie ist einen Ausflug wert, und vielleicht entdecken Sie bei der Gelegenheit auch, dass die Vögel schon wieder singen. Kohl- und Blaumeisen balzen, Amseln üben neue Melodien ein, Stare hocken scharenweise in den Baumkronen und schwatzen munter vor sich hin. Und das alles im manchmal so grauen Februar. Doch muss man nicht unbedingt verreisen, um müden Winteraugen eine Farbtherapie zu gönnen. Ein Schritt vor die Haustür genügt, dort blühen die Krokusse büschelweise. Sie stehen in bunten Nestern zusammen und werden so zum Inbegriff des Vorfrühlings.

Gleich und gleich

Ein Blumenglöckchen
Vom Boden hervor
War früh gesprosset
In lieblichem Flor;
Da kam ein Bienchen
Und naschte fein: –
Die müssen wohl Beide
Für einander sein.

Johann Wolfgang von Goethe

BLUME DES MONATS:

Der Krokus

Ob reinweiß, rosa geädert, zartblau, lila oder knallgelb, Krokusse sind die ersten kräftigen Farbtupfer im Jahr. Auf Wiesen und in Parkanlagen bilden sie ganze Blütenteppiche, mancherorts werden sie sogar zur Touristenattraktion, so im Schlosspark von Husum, in dem sich Millionen lila Krokusse jedes Jahr aufs Neue bewundern lassen. So lange begleiten sie uns schon, dass sie eine echte Kulturpflanze geworden sind. Wilde, »botanische« Krokusse findet man in unseren Regionen kaum noch. Sie sind im Mittelmeerraum, auf dem Balkan bis hin zum Kaukasus beheimatet, wo sie in einhundertzwanzig verschiedenen Arten vorkommen. Wie Schwertlilien und Gladiolen gehören Krokusse zu den Irisgewächsen. Die hübschen langen Fäden im Inneren der Blüte gaben ihnen ihren Namen, der sich vom griechischen Wort *krokos*, »Safran« ableitet. Wie viele Frühlingsblüher vermehrt sich der

Krokus unterirdisch durch Teilung. Insbesondere die kleinen Elfenkrokusse, die sogar schon im Januar blühen, sind ausbreitungsfreudig. Wie kleine Sterne schimmern sie zwischen dem kurzen Gras hervor. Selbst extrem harte Winter können sie überstehen, die Blütenkelche öffnen sich allerdings erst bei Temperaturen über dem Gefrierpunkt.

Neben den jetzt blühenden Arten existieren auch noch die weniger bekannten Herbstkrokusse, leicht zu verwechseln mit den hochgiftigen Herbstzeitlosen. Auch der lila blühende Safrankrokus, lateinisch *Crocus sativus*, blüht erst spät im Jahr. Hoch begehrt sind seine roten Blütenfäden, die getrocknet das teuerste Gewürz der Welt ergeben. Safran wurde erstmals auf Kreta angebaut, nicht in Indien wie zumeist vermutet wird. Auch die Sumerer kultivierten ihn bereits vor fünftausend Jahren. Safran ist nicht nur ein köstlich duftendes Gewürz, er färbt auch. Sein prächtiges Goldgelb wird hervorgerufen durch den Inhaltsstoff *Crocin*, ein Carotinoid, wie es ähnlich in den Möhren vorkommt.

In China war es nur dem Kaiser erlaubt, safranfarbene Gewänder zu tragen. Und die Römer demonstrierten ihren Reichtum, indem sie die Blütenfäden ins Hochzeitsbett streuten.

Safran ist nicht nur ein Gewürz, sondern auch ein Heilmittel, dessen krebshemmende Wirkung inzwischen wissenschaftlich nachgewiesen ist. Pro Blüte bilden sich drei Fäden. Um ein Kilogramm Safran herzustellen, müssen einhundertfünfzigtausend Blüten gezupft werden. Und doch werden jährlich weltweit immerhin dreihundert Tonnen Safran erzeugt. Davon stammt der größte Teil aus dem Iran. Und woran merkt man, dass er echt ist? Am Preis. Gemahlenen Safran sollte man besser nicht kaufen, denn vielleicht ist es Ringelblume oder Färberdistel, mit denen man dann sein Risotto oder die Paella würzt.

Den Gartenkrokus wird wohl niemand fälschen. An ihm ist vor allem die Amsel interessiert, ganz besonders an den gelben Sorten. Denn was uns als Augenweide erscheint, verwechselt das Amselmännchen aufgrund der gelben Farbe und spitzen Blütenform mit dem Schnabel eines Konkurrenten – und hackt darauf ein.

HEILPFLANZE DES MONATS:

Der Huflattich

Erst die Blüten, dann die Blätter. Wie die meisten Frühjahrsboten zeigt der Huflattich zunächst sein sonnengelbes Köpfchen, das er auf schuppigem, weiß-filzigem Blütenschaft trägt. Die herzförmigen Blätter schiebt er später nach. Im phänologischen Kalender ist *Tussilago farfara*, so die lateinische Bezeichnung, die Zeigerpflanze des Vorfrühlings. Ihre Bedeutung als Heilpflanze verrät der Name gleich mit: *tussis* heißt »Husten«, und *agere* heißt »vertreiben«. »Ich vertreibe den Husten«, sagt das genügsame Kraut, und das macht es schon seit Tausenden von Jahren. Ob Griechen oder Römer, Huflattichtee trank man bei Erkältung. Es sind die in ihm enthaltenen schleimlösenden Stoffe, die insbesondere bei schwerer Bronchitis für Erleichterung sorgen.

Aber auch die verdauungsfördernde Wirkung ist belegt. Gesammelt werden die Blüten im Februar und März, sie sollten möglichst langsam im Schatten getrocknet werden. Erntezeit für die Blätter ist Ende Mai, Anfang Juni. Sie können zum Trocknen in der Sonne ausgelegt werden. Ihre entzündungshemmende Kraft entfalten Huflattichblätter auch in frischem Zustand. Wanderer wissen davon zu berichten. Bei wund gelaufenen Füßen ist die pelzige Blattunterseite eine wahre Wohltat. Man braucht sie nur in die Strümpfe zu stecken, und die Füße sind erfrischt wie nach einem Fußbad. Letzteres hilft bei geschwollenen Beinen: Einfach dem warmen Wasser zwei Tassen Teeaufguss zusetzen, schon nach kurzer Zeit können Sie wieder herumtollen wie ein junges Fohlen. Übrigens: Die Hufform, die man ebenfalls im Blatt erkennen mag, gab der Pflanze den deutschen Namen.

Huflattich sollte als Kur zum Einsatz kommen. Von einer dauerhaften Einnahme wird wegen möglicher Nebenwirkungen abgeraten.

Und wo findet man ihn? Fast überall. Wie viele Frühblüher ist Huflattich genügsam. Am liebsten wächst er auf lehmigem Boden, er hat es gern etwas feucht und sonnig. Je mehr Sonne die Blüten kriegen, desto größer ist ihre Heilkraft.

Für einen Teeaufguss überbrüht man zwei Esslöffel getrocknete Blüten oder Blätter mit einem Viertelliter kochendem Wasser. Zehn Minuten ziehen lassen, abseihen – mit etwas Honig gesüßt, vertreibt dieser Tee die letzten Widrigkeiten und Nebenwirkungen des Winters.

Im GARTEN *und auf* BALKONIEN

Endlich ist der Garten in einem Zustand, den sich Gärtner das ganze Jahr über herbeiwünschen: Er macht alles selbst. Doch genau jetzt können Gärtner das gar nicht gut ertragen. Wie gern würden sie schon wieder loslegen, graben, hacken, düngen, säen, pflanzen. An sonnigen Tagen streichen sie wie verliebte Kater unruhig zwischen den Beeten umher, stets auf der Suche nach frisch Erblühtem und Gelegenheiten, endlich wieder selbst Hand anzulegen. Doch da hilft alles nichts, noch muss man geduldig warten. Freilich wird man dafür belohnt. Schneeglöckchen, Krokusse, die ersten Gänseblümchen machen sich schon wieder auf dem Rasen breit. Zarte Buschwindröschen öffnen ihre weißen Blüten, Alpenveilchen strecken ihre Blütenblätter, auch die selten gewordenen Elfenblumen beginnen zu blühen. Zu Unrecht sind die kleinen, zum Teil immergrünen Stauden in Vergessenheit geraten. Zart, fragil, wie Wesen aus dem Zauberwald muten sie an. Dabei ist *Epimedum*, so der lateinische Name, recht robust. Auch im Staudengarten eignen sich Elfenblumen zur Unterpflanzung, und jetzt, da es ringsum noch kahl ist, haben sie ihren großen Auftritt. In der Blüte erinnern sie an Akeleien. Die Blätter sind schlank und herzförmig, und in der Wurzel steckt die Kraft – angeblich wirkt sie potenzsteigernd. Ein Märchen?

Und was würde »Rühr mich nicht an« dazu sagen? In geschützten, sonnigen Lagen, gern an einer Hauswand, blühen auch in unseren Breiten die Mimosen. »Sensibelchen« wird *Mimosa pudica* genannt. Auf Berührung oder Erschütterung reagiert sie mit dem Zusammenklappen ihrer gefiederten Blätter. Der aus Urlauben im Süden vertraute, gelb blühende Halbstrauch ist eigentlich eine Akazienart, lateinisch *Acacia mimosa*. Er ist auch für die Kübelbepflanzung geeignet und im Frühjahr eine Attraktion: Alle Blüten öffnen sich gleichzeitig, es ist, als ginge die Sonne auf. Wer lieber die Hartgesottenen mag, der erfreut sich am »Hartriegel«, wie die Kornelkirsche auch genannt wird. Unübersehbar strahlen ihre gelben Blüten auch an grauen Februartagen, bis zu sieben Meter Höhe kann der Strauch erreichen. Sein Holz ist legendär: Odysseus und Romulus schnitzten ihre Speere daraus. Trotz seiner Härte birgt der Strauch gebündelte Lebenskraft. Der Speer des Romulus soll jedenfalls im Ziel sogleich frisch ausgeschlagen haben.

Bevor die Obstbäume dies tun, können sie jetzt noch zurückgeschnitten werden, insbesondere zu dicht gewachsene Kronen sollten ausgedünnt werden. Rückschnitt erhält ebenso das Strauchbeerenobst wie Himbeeren oder Stachelbeeren. Ende des Monats darf man endlich ins Freie säen: Radieschen und Möhren vertragen das kalte Wetter. Alles andere braucht noch den Schutz der Gewächshäuser oder Frühbeete.

Der besondere Tipp

Wem die bunten Primeln auf der Fensterbank nicht reichen, der kann attraktives Grün im Schnellverfahren ziehen. Zuckermais ist preiswertes Saatgut. Er wächst schnell, ist im Kübel ein Blickfang auf Balkon und Terrasse, als Sichtschutz dient er obendrein, und am Ende spendiert er sogar noch ein köstliches Essen. Was will man mehr? Um die Anzucht zu vereinfach, sollten Sie Quelltöpfe benutzen, zwei Saatkörner pro Topf genügen, sie keimen recht schnell. Ob in der Küche oder auf der Fensterbank im Büro, bereits nach zwei Wochen haben Sie frisches Grün. Jetzt können Sie in größere Gefäße umtopfen. Im Frühjahr kann der Mais ins Freie, selbstverständlich mag er auch einen Platz im Garten. Und im Sommer kann bereits geerntet werden. Frischer Mais ist ein sehr gehaltvolles Gemüse. Kochen Sie Maiskolben in ganz leicht gezuckertem Wasser. Salz trocknet die Außenhaut der Körner aus, damit würzt man erst unmittelbar vor dem Essen. Mit etwas Butter schmeckt die eigene Ernte am besten.

WAS VOM MONAT BLEIBT:

Die Pappnase!

Sie lachen? Genau darum geht es. Wenn es sich auch um ein bewegliches Fest handelt, einige der Karnevalstage fallen immer in den Februar. Und das hat seinen Grund: Nur mit Humor lässt sich die lange Zeit des Winters durchstehen, nur mit einem Lachen kann man immer wieder von vorn anfangen. Denn Lachen befreit, wenn es von Herzen kommt. Falsches Lachen wird instinktiv von jedermann erkannt. Lachen rüttelt uns wach. Es erinnert daran, dass alles vergänglich ist, dass jeder Schmerz vorübergeht. Und dass man ihn oft sogar im Augenblick abschütteln, vergessen kann.

Narrenreiche sind die Trostreservate des Lebens. Geben Sie ihnen einen Platz, irgendwo in einem Winkel Ihrer Wohnung. Man muss kein Karnevalist sein dafür, ein gelegentlicher Blick auf die Clownsmütze oder die rote Pappnase, und

schon sind die Erinnerungen an ein paar »tolle Tage« geweckt. Ein kleines Schmunzeln, und alles wird leichter.

Die

TIERWELT

Wussten Sie, dass Insekten dasselbe Frostschutzmittel benutzen wie wir? Während wir es in den Autokühler geben, haben sie es im Blut: Glycerin. Versteckt in Holzritzen und Mauerspalten ertragen sie damit Temperaturen bis weit unter dem Gefrierpunkt. Die ersten wärmenden Sonnenstrahlen können sie dort gelassen abwarten. Nicht so die Vögel, sie sind an kalten Februartagen auf Sämereien und Zufütterung angewiesen. Schon nach einem Tag ohne Nahrung müssen Singvögel sterben. Ihr Energieverlust ist zu hoch. Gegen die Kälte kuscheln sie sich deshalb an windgeschützten Plätzen zusammen. Dicht gedrängt kann man die zarten Schwanzmeisen scharenweise in den noch kahlen Büschen sitzen sehen.

Auch ihre Schwestern, die etwas größeren Kohlmeisen, plustern sich auf. Wir kennen den »Daunenjackeneffekt«, es ist die Luft zwischen

dem Gefieder, die wärmt. Der Zaunkönig bildet mit anderen Arten Schlafgemeinschaften, die sich in leere Spechthöhlen verkriechen. Am blauen Februarhimmel kreisen die Sperber. Pfeilschnell sind sie auf ihrem Beuteflug und unnachgiebig. Sperber sind für waghalsige Flugmanöver bekannt. Sie jagen jedoch zumeist nur kranke, schwache Tiere. Damit sind sie wichtig für den ökologischen Ausgleich in der Natur. In milden Wintern zum Beispiel, wenn es viele, zu viele Mäuse gibt. Was der Sperber am Tag nicht jagt, holt sich in der Nacht das Käuzchen. Der Waldkauz, lateinisch *Strix aluco*, ist eine in unseren Regionen noch immer weit verbreitete Eulenart. Waldkäuze leben, wie es ihr Name verrät, in Wäldern, aber auch in Parkanlagen und auf Friedhöfen, wo sie nicht nur in Vollmondnächten gern ihre schaurigen Rufe erklingen lassen. Für sie ist jetzt bereits Balzzeit, die Männchen werben um ihr Weibchen. Wie sich das anhört? Es ist der wohl vertraute Käuzchenruf aus alten Kriminalfilmen.

In Wahrheit also ein Liebesgesang. Waldkäuze sind monogam, haben sie sich erst einmal gefunden, bleiben sie beieinander und suchen immer wieder die alten Nistplätze auf. Bisweilen beginnen sie im Februar schon mit der Brut, dann kann man mit etwas Glück die jungen Nestflüchter Ende März in den Bäumen klettern sehen. Krächzend rufen sie nach den fütternden Eltern. Doch diese fliegen erst kurz nach Sonnenuntergang wieder aus. Lautlos. Das lockere Gefieder und spezielle Schwungfedern ermöglichen den geräuschlosen Gleitflug. Beim selten gewordenen Uhu ist dieser besonders beeindruckend. Der Uhu gehört mit einer Flügelspannweite von bis zu einem Meter achtzig zu den größten Eulenvögeln. Augen und Gehör sind extrem leistungsfähig, millimetergenau kann er seine Beute ausmachen.

Da heißt es sich gut verstecken oder am besten gleich in der Erde bleiben. Dort ist es auch nicht so kalt. Maulwürfe halten keinen Winterschlaf. Sie

gehen ebenfalls im Vorfrühling auf Partnersuche, und das, obwohl sie eingefleischte Einzelgänger sind. Ein bisschen Liebe muss sein, danach leben sie wieder solo. Und wie findet man den Partner? Indem man gräbt. Kaum taut die Erde, zeigen sich vermehrt Maulwurfshügel. Sieben Meter pro Stunde kann so ein kleiner Wicht durchgraben. Doch als Schädling gilt der Maulwurf schon lange nicht mehr, im Gegenteil, die Art steht unter Naturschutz. Und ehrgeizigen Gärtnern, die sich an der Verunstaltung ihres englischen Rasens stören, sei gesagt: Maulwurfshügel stellen ideale Anzuchterde dar. Also einfach nachmachen, was der kleine lebende Bagger vormacht: Schippchen rausholen und abtragen.

Der FEBRUAR-MENSCH

Es ist so klar wie ein sonniger Februartag: Wer jetzt zur Welt kommt, will ins Licht. Der will hinaus, ein ungeheurer Freiheitsdrang zeichnet den Februar-Menschen aus. Damit entspricht er in jeder Hinsicht dem Charakter dieses Monats. Was sich in diesen Tagen durchsetzt, ist entschlossen, ist irgendwie auch neugierig, sogar ein bisschen vorwitzig und auch ein wenig eigensinnig. Manchmal sogar sehr eigensinnig. Man sehe sich nur in der Natur um: So ein blühender Hartriegel – er reizt die Farbe Gelb bis zum Äußersten aus. Er entfaltet sich zu einem prächtigen Baum, er lockt das junge Insektenvolk, es leistet ihm Gesellschaft, umspielt seine üppige Blütenpracht. Zu nahe kommen aber darf ihm niemand, nichts darf ihn einengen, dafür hat der Hartriegel seine Stacheln und sein außergewöhnlich starkes Holz. Damit behauptet er sich. Er ist schließlich ein Solitär.

Februar-Menschen sind Meister der Einzigartigkeit. Sie sind zum einen äußerst stabil und erdverbunden. Kinder dieses Monats vergessen ihre Herkunft niemals, selbst wenn sie extrem erfolgreich sind. Dafür haben sie es oft in ihren Anfängen viel zu schwer gehabt, sind im übertragenen Sinn durch Schnee und Eis gegangen. Zugleich aber ist ihnen das tiefe Wissen um die kreativen Kräfte der Natur eingegeben. Sie vertrauen einfach auf Sonne, Wärme, Licht. Und das strahlen sie auch aus. Leben heißt Entwicklung, ständig, unentwegt. Wer könnte das besser verkörpern als sie. Februar-Menschen streben nach Entfaltung, das heißt auch, dass sie nach oben wollen. Wobei das Schöne an ihnen ist, dass sie es niemals auf Kosten anderer tun. Wer im Februar geboren ist, der weiß, dass sich alles und jeder entfalten will. Das Recht auf Selbstverwirklichung leben die Kinder dieses Monats vor, sie billigen es aber auch jedem anderen zu. Kein Wunder, dass sie gute

Freunde sind. Wenn es um Kameradschaft geht, ist Verlass auf sie. Sie pflegen einen großen, farbigen Bekanntenkreis, ganz nach ihrem Motto: Jeder ist ein Unikat. Dabei sind sie hilfsbereit und treu. Und auch an ihrem Esprit, ihrem Witz, ihrer Erfindungskraft lassen sie andere gern teilhaben.

Das hört sich geradezu genial an. Richtig, das ist es auch. Februar-Menschen verkörpern Genialität. Ein Zustand, den sie allerdings immer wieder herstellen müssen. Genialität will sich nämlich stets aufs Neue beweisen. Und das ist nicht ganz leicht. Vor allem, wenn man liebt. Insbesondere, wenn aus dem Rausch der Verliebtheit die Dauerhaftigkeit einer Beziehung erwachsen will. Ganz und gar, wenn der Alltag einzieht. Lässt der Glanz des geliebten Menschen nach, zeigen sich die Schattenseiten, wird es für den Februar-Geborenen schwierig. Zum einen entspricht alles, was durchschnittlich zu werden droht, seinen Idealen nicht, zum anderen wird es ihm bei zu viel Häuslichkeit einfach zu eng. Eine Enge, die ihn müde macht, die ihm die Kraft raubt. Februar-Menschen brauchen helles Licht, sie wollen es klar und frisch haben. Abgestandene Beziehungen, veraltete Ansichten, überholte Lebenskonzepte – undenkbar für sie. Der Februar-Mensch ist zukunftsorientiert, doch niemals ein Fantast. Um seine Ziele zu verwirklichen, geht er mutig voran, denn Mut ist die Gesinnung der Freiheit. Und weil Freiheit in der Regel glücklich macht, beschenkt der Februar-Geborene seine Mitmenschen mit seiner strahlenden Präsenz.

Worauf er achtgeben sollte

Wo Licht ist, ist auch Schatten. Problematisch für den Februar-Menschen sind nicht so sehr die dunklen Seiten der anderen, sondern die eigenen. Die will er nämlich einfach nicht sehen. Er tut so, als habe er keine. Doch er ist ja hochintelligent und weiß deshalb genau, dass sie da sind. Versuche, Negatives zu verdrängen, schaden dem Februar-Geborenen sehr. Und sie sind auch gar nicht nötig. Ein paar Schwachstellen hat doch jeder.

Es geht darum, sie liebevoll anzunehmen. Ja, auch die Kinder dieses Monats boxen den Gegner einmal unfair aus dem Ring. Ja, manchmal verraten sie sogar ihre hehren Ideale und gehen den einfachen Weg der Anpassung. Das ist weiter nichts als menschlich.

Sobald Februar-Geborene lernen, sich kleine Charakterschwächen zuzugestehen, geht es ihnen rundum gut. Es ist das Gefühl des Getragenseins, das sich die Kinder dieses Monats erst erobern müssen. Je mehr Gutes sie sich gönnen, desto leichter wird es. Und passend zum Februar sei ihnen geraten: Verlieren Sie niemals den Humor, vor allem nicht sich selbst gegenüber.

Alles, was

GUTTUT

Man kann dem Leben nicht mehr Tage geben, aber den Tagen mehr Leben«, heißt es in einer chinesischen Weisheit. Sie zu befolgen, ist im kurzen Februar unvermutet leicht. Man muss sich sogar konzentrieren, um unter den vielen Möglichkeiten auszuwählen. Und damit setzt die liebevolle Selbstfürsorge auch schon ein. In der Konzentration auf das, was uns wirklich guttut. Das kann zu Beginn des Monats die Nahrung sein, deren stärkende, wärmende Wirkung wir speziell im Winter brauchen. Jetzt ist Olivenernte, das frische, »jungfräuliche« Öl, das in diesen Tagen abgefüllt wird, verströmt köstlichen, appetitanregenden Duft und birgt kostbare Inhaltsstoffe. Die Gesundheitseffekte sind bei dem jungen Öl besonders ausgeprägt. Den Salaten einen Schuss mehr zu geben, heißt die Abwehrkräfte und das Herz-Kreislauf-System stärken. Wintergemüse wie Rot- und Weißkohl werden zu Unrecht der

Arme-Leute-Küche zugeordnet. Kohl birgt viele Vitamine und Mineralstoffe. Grünkohl hat einen höheren Vitamin-C-Gehalt als Orangen.

Sauerkraut hat inzwischen Zugang zur gehobenen Küche gefunden. Probieren Sie neue Rezepte aus, verfeinern Sie es mit Riesling-Sekt, geben Sie Crème fraîche dazu, servieren Sie es einmal zu gegrillten Schalentieren ... Es gibt viele Möglichkeiten und lange Abende zum Ausprobieren. Ganz nebenbei wirkt sich das saure Kraut beruhigend auf das vegetative Nervensystem aus.

Sie wollen gar nicht beruhigt werden? Sie sticht der Hafer? Der hat es tatsächlich in sich. Kein anderes Getreide ist derart nährstoffreich. Er macht putzmunter und schmeichelt dennoch dem Magen. Mit Müsli oder Haferbrei kann man sich bestens auf das Fasten vorbereiten, in jedem Fall beugt man der Frühjahrsmüdigkeit vor. Das gilt auch für Kräutertees und Kräuterbäder. Sie fördern den Stoffwechsel, durchbluten, reinigen die Atemwege und wärmen. Auch hier heißt es erspüren, welche Bedürfnisse man hat, und diesen auch nachzugeben. Ein Thymianbad regt die Durchblutung an, die gleiche Wirkung hat Rosmarin. Lavendel hingegen beruhigt, ein Lavendelbad ist das Richtige vorm Schlafengehen. Mit all dem verschaffen Sie sich einen guten Start in den Frühling.

Und wenn Sie genug zu sich genommen haben, dann wollen Sie womöglich ein paar Pfunde lassen? Fasten ist vornehmlich ein Reinigungsritual, bei dem es um innere Werte geht. Die Seele entschlacken, leer werden, auch das ein Vorgang, um für Neues gerüstet zu sein. Das Abnehmen ist dabei ein körperlicher Nebeneffekt. Mit dem Fasten Erfahrene sprechen von euphorisch wachen Zuständen, in die sie geraten. Dennoch: Holen Sie sich Rat beim Arzt, das Fasten ist nicht für jeden geeignet. Entschlackende Tees, zum Beispiel aus getrockneten Brennnesseln, können das Ihre tun, und ebenso lange Winterwanderungen, auf denen man richtig kräftig durchatmet. Auch unser Umfeld spiegelt unser Seelenleben. Ein erstes großes Aufräumen, ein Frühjahrsputz kann wahre Wunder bewirken. Alten Ballast abzuwerfen, klare Strukturen zu schaffen mit übersichtlichen Ordnungssystemen, um die Zeit nicht länger mit unnötigem Suchen zu verbringen – was für eine Befreiung. Und dann holen Sie sich Farbe ins Haus, Ende des Monats gibt es all die hübschen Frühlingsblüher schon als Blumensträuße, Hasel- oder Kätzchenzweige, die ersten Forsythien blühen, ebenso die Lenzrosen.

Der Februar kommt einem Aufbruch gleich, und dort, wo er hinwill, ist Freude. Ein solcher Vorgang erfordert Achtsamkeit und Großzügigkeit gleichermaßen. Es ist, als würden Sie Ihren Koffer packen für das ganze Jahr. Da gehört Vorrat rein, Nützliches und immer auch etwas Luxus. Packen Sie ihn nicht zu voll, damit er auch zugeht.

Die Weisheit des

FERNEN OSTENS

Ein wichtiges Element fernöstlicher Gesundheitslehre ist die Nahrung. Nicht nur, dass sie auf verschiedene Menschentypen zugeschnitten ist wie im indischen Ayurveda, man berücksichtigt auch die Erfordernisse der Jahreszeiten. Wärmend sollte die Nahrung im Winter sein, das meint mehr als eine heiße Suppe. Das fernöstliche Denken sieht den Körper als energetisches System. In der traditionellen chinesischen Medizin ist es das Qi, das uns am Leben hält, das sich grob gesagt aufteilt in das Nahrungs-Qi und das Qi der Atmung. Der Funktionskreislauf der Milz transformiert unsere Nahrung, verwandelt sie in Energie. Im Vorfrühling wird das Feuer des Lebens genährt: deshalb also die »Wärme«. Jetzt sollten Stoffwechsel und Verdauung angeregt werden, der Darm gereinigt und das Herz-Kreislauf-System gestärkt werden. Geschieht dies nicht, merken wir es sofort, wir sind dann anfällig für die vielen grassierenden Erkältungskrankheiten. Sowohl die indische als auch die chinesische und tibetische Medizin setzen in der Alltagsernährung zu diesem Zweck bewusst Gewürze ein. Im Februar ist es der Ingwer. Er ist ein Allheilmittel. Ob Sie nun zu kräftig Karneval gefeiert haben oder fasten wollen, Ingwer reinigt und stärkt zugleich. Er wirkt entschlackend, entzündungshemmend, keimtötend, herzstärkend. Was will man mehr?

Als Kuranwendung empfiehlt es sich, täglich eine Tasse Tee aus der frisch geschnittenen Wurzel zu trinken. Sie kochen den geschälten und in Scheiben geschnittenen Ingwer zehn Minuten in Wasser aus. Achtung: Ingwer ist scharf, beim Portionieren muss man ein wenig experimentieren. Die Teekur ist ein guter Begleiter in der Fastenzeit, eine hervorragende, schnell wirkende Hilfe bei Erkältung und Nebenhöhlenentzündung, und sie sorgt für einen klaren Kopf. Übrigens auch vorbeugend ist die »tolle Knolle« ein wirksames Mittel gegen einen drohenden Kater. Selbstverständlich lassen sich mit Ingwer auch köstliche Speisen bereiten. Geschält und fein gehackt als Panade auf frischem Lachs oder Thunfisch zum Braten verwendet, vermittelt er fernöstliche Gaumenfreuden.

Und das Schöne ist, diese Medizin lässt sich züchten: Wässern Sie die ungeschälte Wurzel in einem Glas so lange, bis sie austreibt. In feuchter, warmer Erde, an einem sonnig geschützten Platz wachsen die asiatischen Energieträger auch bei uns.

Die schönen

SEITEN

Spätestens im Februar zeigt es sich: Der Winter hat unseren Haaren zugesetzt, sie wollen einfach nicht mehr mitmachen. Mützen, Hüte, Kälte, Feuchtigkeit und der Wechsel in trockene warme Heizungsluft, das strapaziert und laugt aus. Eine schnell aufgetragene Haarkur reicht nun nicht mehr. Es empfiehlt sich eine längere Behandlung mit Haarwasser. Etwas in Vergessenheit geraten, erleben Haarwasser zurzeit ein Comeback. Sie versorgen die Kopfhaut unmittelbar. Insbesondere Birkenhaarwasser, das Sie am besten in der Apotheke kaufen. Massieren Sie es vor dem Schlafengehen in die Kopfhaut ein, es fördert die Durchblutung, wirkt harmonisierend auf die Talgdrüsen, ist entzündungshemmend und ein hervorragendes Mittel gegen schuppende und fettende Kopfhaut.

Nach der Haarwäsche verwöhnen Sie Ihr Haar mit einer Huflattichspülung. Sie lässt sich leicht selbst herstellen: Spazieren gehen, eine Handvoll Huflattichblüten pflücken, zu Hause mit einem halben Liter kochendem Wasser übergießen, drei Stunden ruhen lassen, abseihen, den Sud in eine Schüssel geben und am besten das gewaschene Haar darin »baden«, sodass sich die Einwirkzeit verlängert. Wollen Sie Ihrem Haar mehr Glanz verleihen, dann nehmen Sie drei Esslöffel des Huftlattichsuds, rühren ein Eigelb und einen Teelöffel Honig unter und lassen die Kur vor der Wäsche im trockenen Haar eine halbe Stunde einwirken. Danach die Haare gründlich auswaschen. Auch den »fliegenden Haare«, die in der trockenen Heizungsluft durch elektrostatische Aufladung entstehen, wirkt diese Kur entgegen. Der Geheimtipp: ein vergoldeter Kamm! Es gibt ihn tatsächlich, und die gar nicht so teure Anschaffung lohnt sich, wenn Sie vermeiden wollen, dass Ihnen die Haare zu Berge stehen.

Der trockenen Gesichtshaut sollte man ebenfalls öfter etwas Gutes tun, eine Bananenmaske ist leicht selbst herzustellen: Eine Banane pürieren, mit einem Eigelb verrühren und so viel Mandelöl zugeben, bis ein dicklicher Brei entsteht. Auf der gut gereinigten Gesichtshaut fünfzehn Minuten einwirken lassen, die Augenpartie spart man aus. Samtweich wie ein Weidenkätzchen fühlt sich Ihre Gesichtshaut nach dieser Behandlung an. Jetzt können Sie sich den ersten wärmenden Sonnenstrahlen zeigen.

FESTE *und* BRAUCHTUM

2. Februar
Mariä Lichtmess

Mit dem »Fest der Darstellung des Herrn«, wie dieser Tag offiziell in der katholischen Kirche heißt, schließt der Weihnachtsfestkreis ab. Gefeiert wird Mariä Reinigung und die Darstellung des neugeborenen Gottessohns bereits seit dem fünften Jahrhundert. Zwei jüdische Bräuche begründeten die Feier. Zum einen hatte die Mutter nach der Geburt eines Sohnes ein vierzigtägiges Wochenbett zu hüten, das mit einem Reinigungsritual beendet wurde; zum anderen galt der erstgeborene Sohn als Eigentum Gottes, das am selben Tag im Tempel durch ein Opfer ausgelöst wurde. Die heidnisch-römischen Sitten der Sühneumgänge mit Kerzen und Fackeln wurden in das Fest integriert. An einem unwirtlichen, kalten Februarabend beeindruckt die Lichtmessfeier in der Kirche auch heute noch. Die mitgebrachten Kerzen werden geweiht und heimgetragen: Sie sollen Schutz spenden für das ganze Jahr.

14. Februar
Valentinstag

Es heißt, dass sich die Ursprünge dieses Tages bis zu dem römischen »Lupercalien-Fest« zurückverfolgen lassen, wahrscheinlich einem Hirtenfest. Im Scherz verloste man heiratsfähige Frauen und berührte sie, zwecks Steigerung der Fruchtbarkeit, mit Bocksfell. Die Sitten wurden verfeinert und gelangten im siebzehnten Jahrhundert in England zum Höhepunkt, als es kostspielig und aufwendig wurde, um eine Dame als »Valentine« zu werben. Bis heute ist es ein Tag für Verliebte geblieben, aber auch ein Fest der Freundschaft und Zuneigung, das individuell begangen wird.

Fasching, Karneval und Fastenzeit

Wann gefeiert und wann gehungert wird, richtet sich nach dem Osterfest, das auf den ersten Sonntag nach dem Frühlingsvollmond fällt. Somit handelt es sich um bewegliche Feiertage. Ob Karneval, Fasching oder Fastnacht, die Wörter zeigen, dass es eine unmittelbare Verbindung der närrischen Zeit mit der vierzigtägigen Fastenzeit vor Ostern gibt. Ursprünglich hat man nur die Nacht vor Beginn der Fastenzeit genutzt, um noch einmal kräftig zu feiern und das Fass, mittelhochdeutsch *vassang*, zu leeren. Heute beginnt die »närrische Saison«, auch »fünfte Jahreszeit« genannt, bereits im November, am 11.11. um 11 Uhr 11. Besonders im Rheinland nimmt der Sitzungskarneval seinen Lauf, bis der Straßenkarneval mit der Altweiberfastnacht, am Donnerstag vor Aschermittwoch, eröffnet wird.

Tage und Nächte, die ineinander übergehen, jenseits der normalen Zeitrechnung. Die Rosenmontagsumzüge bilden den Höhepunkt im Rheinland, die Faschingsbälle, neben den Umzügen, in Süddeutschland. Seit Jahrzehnten ist die alemannische Fastnacht Touristenattraktion. An den vielfältigen Masken und ihrer Bedeutung lässt sich das Lebensgefühl unserer Vorfahren, ihre Verbindung zur und ihre Abhängigkeit von der Natur, noch am ehesten ablesen. Insgesamt ist das Brauchtum rings um die Vorfastenzeit gut erforscht und ausgiebig beschrieben. Wie sollte es anders sein: Eine eigene Jahreszeit braucht eben auch eigene Bücher.

Aschermittwoch markiert das Ende. Mit der Fastenzeit, der Zeit der Reinigung und Buße, beginnt die Vorbereitung auf das Osterfest – im übertragenen Sinn: auf einen neuen Lebensabschnitt. Dabei geht es im eigentlichen Sinn um geistige Askese, die durch das Fasten verstärkt werden soll. Heute steht allerdings der gesundheitliche Aspekt bei vielen im Vordergrund. Nebenwirkungen wie klarer Kopf und wacher Geist sind dabei nicht ausgeschlossen.

Und so hat der Februar

GESCHICHTE

gemacht

Er gilt weltweit als Symbolfigur im Kampf um die Gleichstellung der schwarzen Bevölkerung: Nelson Mandela. Es war der 11. Februar 1990, als sich nach siebenzwanzigjähriger Haft die Gefängnistore auf Robben Island, Südafrika, für den Führer des Afrikanischen Nationalkongresses wieder öffneten. Seine Entlassung signalisierte zugleich die politische Wende für Südafrika. Ein Jahr später verkündete der südafrikanische Präsident Willem de Klerk am 1. Februar das Ende der Rassentrennung. Gemeinsam erhielten Mandela und de Klerk 1993 den Friedensnobelpreis.

Hier nun weitere markante Ereignisse aus den letzten hundert Jahren Februar-Geschichte:

4. Februar 1945

In Jalta auf der Krim trafen sich die »Großen Drei« der Anti-Hitler-Koalition: Winston Churchill,

Franklin D. Roosevelt und Josef W. Stalin. Auf der Konferenz wurden die Weichen gestellt für die Zeit nach dem Zweiten Weltkrieg.

5. Februar 1933

In San Francisco begannen die Bauarbeiten für die legendäre Golden Gate Bridge. Die Hängebrücke zählt mit über einem Kilometer zu den längsten Brücken der Welt.

7. Februar 1971

Durch Volksabstimmung erhielten Frauen in der Schweiz endlich das aktive und passive Wahlrecht.

13. Februar 1919

Reichspräsident Friedrich Ebert berief die erste parlamentarische Regierung der deutschen Geschichte ein. Das Kabinett, die sogenannte »Weimarer Koalition«, bestand aus SPD, der Zentrums-

Partei und der DDP, der Deutschen Demokratischen Partei.

15. Februar 1989

Neun Jahre nach ihrem Einmarsch zogen die letzten sowjetischen Truppen aus Afghanistan ab.

16. Februar 1959

Der kubanische Revolutionsführer Fidel Castro wurde Staatschef und somit zugleich der erste sozialistische Regierungschef der westlichen Hemisphäre.

22. Februar 1943

In München wurden die Mitglieder der Widerstandsgruppe »Weiße Rose« verhaftet: Die Geschwister Sophie und Hans Scholl sowie deren Freund Christoph Probst. Die Vereinigung richtete sich gegen das Hitlerregime und bestand aus Studenten, Künstlern und Intellektuellen.

28. Februar 1900

Nach einer Verordnung des Großherzogtums Baden erhielten Frauen zum ersten Mal das Recht auf ein Hochschulstudium.

GEBURTSTAGS-KINDER

1. Februar 1939

Fritjof Capra, in Wien,
US-amerikanischer Atomphysiker
und Zukunftsforscher

2. Februar 1882

James Joyce, in Dublin,
Schriftsteller

3. Februar 1909

Simone Weil, in Paris,
Philosophin

4. Februar 1906

Dietrich Bonhoeffer, in Breslau,
evangelischer Theologe

5. Februar 1945

Bob Marley, in St. Ann, Jamaika,
Musiker

6. Februar 1932

François Truffaut, in Paris,
Filmregisseur

7. Februar 1927

Juliette Gréco, in Montpellier,
Sängerin

8. Februar 1931

James Dean, in Fairmont/Indiana,
Filmschauspieler

9. Februar 1940

Jean Marie Coetzee, in Kapstadt,
Schriftsteller und Nobelpreisträger

10. Februar 1889

Bertolt Brecht, in Augsburg,
Schriftsteller und Dramatiker

11. Februar 1926

Paul Bocuse, in Collonges-au-Mont-d'Or,
Meisterkoch

12. Februar 1861

Lou Andreas-Salomé, in St. Petersburg,
Schriftstellerin und Psychoanalytikerin

13. Februar 1903

Georges Simenon, in Lüttich,
Schriftsteller

14. Februar 1932

Alexander Kluge, in Halberstadt,
Schriftsteller und Filmregisseur

15. Februar 1943

Elke Heidenreich, in Korbach,
Schriftstellerin und Journalistin

16. Februar 1944

Richard Ford, Jackson/Mississippi,
Schriftsteller

17. Februar 1937

Rita Süssmuth, in Wuppertal,
Politikerin

18. Februar 1931

Toni Morrison, in Lorain/Ohio,
Schriftstellerin und Nobelpreisträgerin

19. Februar 1917

Carson McCullers, in Columbus/Georgia,
Schriftstellerin

20. Februar 1909

Heinz Erhardt, in Riga,
Humorist

21. Februar1942

Margarethe von Trotta, in Berlin,
Regisseurin

22. Februar 1949

Nikolaus (Niki) Lauda, in Wien,
Rennfahrer

23. Februar 1899

Erich Kästner, in Dresden,
Schriftsteller

24. Februar 1903

Franz Burda, in Philippsburg,
Verleger

25. Februar 1913

Gert Froebe, in Zwickau,
Schauspieler

26. Februar 1932

Johnny Cash, in Kingsland/Arkansas,
Countrysänger

27. Februar 1932

Elizabeth Taylor, in London,
Schauspielerin

28. Februar 1944

Sepp Maier, in Metten,
Fußballtorhüter

29. Februar 1892

Ernst Lubitsch, in Berlin,
deutsch-amerikanischer Filmregisseur

Die Autorin

Liane Dirks brachte bisher sechs Romane, einundzwanzig Herausgaben und zwei Töchter zur Welt. Sie erhielt zahlreiche Stipendien und Preise, lehrte an Universitäten in den USA, in Hildesheim und Düsseldorf, hatte einen festen Rundfunksendeplatz, konzipierte Ausstellungen und Vortragsreihen und brach auch immer wieder reisend aus allem aus, entweder in die weite Welt oder in den eigenen Garten. Zuletzt erschien: *Sich ins Leben schreiben – Der Weg zur Selbstentfaltung* (2015).

www.liane-dirks.de

QUELLENVERZEICHNIS

Johann Wolfgang von Goethe: *Sämtliche Werke*, herausgegeben von G. Sauder, München 1985.
Theodor Storm: *Sämtliche Werke*, herausgegeben von A. Köster, Leipzig 1929.

ISBN 978-3-99056-042-6

Dessin: William Morris
Gesamtgestaltung und Satz:
Christina Krutz, Biebesheim am Rhein
Druck und Bindung:
Kösel, Altusried-Krugzell

www.sanssouci-verlag.com